AF338535

ÉLOGE FUNÈBRE

DE

MONSIEUR LE COMTE

Édouard DE LUPEL

PRONONCÉ

DANS L'ÉGLISE D'AUTRÊCHES,

Diocèse de Beauvais,

Le 7 Janvier 1867

PAR

M. l'abbé FAURE,

Curé Doyen de Vic-sur-Aisne

SOISSONS

IMPRIMERIE DE LA ROSE D'ARGENSE,

RUE SAINT-ANTOINE, 45

1867

ÉLOGE FUNÈBRE

DE

MONSIEUR LE COMTE

Édouard DE LUPEL

PRONONCÉ

DANS L'ÉGLISE D'AUTRÊCHES,

Diocèse de Beauvais,

Le 7 Janvier 1867

PAR

M. L'Abbé LEMAIRE,

Curé-Doyen de Vic sur Aisne.

SOISSONS.

IMPRIMERIE DE EM. FOSSÉ DARCOSSE,

RUE SAINT-ANTOINE, 15.

—

1867.

ÉLOGE FUNÈBRE

DE

MONSIEUR LE COMTE

ÉDOUARD DE LUPEL

PRONONCÉ

DANS L'ÉGLISE D'AUTRÊCHES,

Diocèse de Beauvais,

Le 7 Janvier 1867

PAR

M. L'ABBÉ LEMAIRE,

Curé-Doyen de Vic sur Aisne.

*Seminatur in corruptione,
surget in incorruptione, surget
in gloria, surget in virtute,
surget corpus spiritale.*

Notre corps est semé corruptible, il ressuscitera plein de force et de gloire, incorruptible, spirituel. — I Cor., xv, 45 et suiv.

Messieurs et très-chers Frères,

La mort d'un homme, que cet homme soit ou ne soit pas dans l'éclat de la jeunesse, au faîte des grandeurs et des prospérités humaines, arrivé à l'apogée de la gloire et des années, aux extrémités d'une longue et bril-

lante carrière, sous l'hermine, la pourpre ou
la besace, c'est toujours un événement dou-
loureux; et si la mort vient frapper la tête,
le chef même d'une grande et nombreuse
famille, également recommandable par son
ancienneté, par sa haute extraction, par la
noblesse et l'élévation des sentiments*, la
douleur est encore plus amère, la tristesse
plus cuisante. C'est vous dire tout de suite
dans quel deuil sont aujourd'hui plongés une
épouse, désormais séparée de celui à qui, au
printemps même et dans les plus beaux jours
de la vie, elle avait enchaîné avec bonheur
son existence temporelle; des enfants dé-
voués à un père qui les portait tous également
dans son cœur, et désormais aussi privés de
sa présence, de sa parole, la présence et la
parole d'un père, toujours si utile, si nécessaire aux meilleurs enfants; des amis, enfin,
comme ceux qui forment ce cortége funèbre,
ce cortége d'honneur. Ah! oui, la mort de ce
père, de cet époux, de cet ami, a été trop
précipitée. Sa vie, quelque prolongée qu'elle
ait été, a encore été trop courte; la tombe
s'est ouverte et fermée trop vite devant lui;
et je ne suis pas étonné de voir toute cette
assistance si nombreuse, cet auditoire d'élite,
ces sommités de l'ordre administratif, toute
cette bonne et excellente population d'Autrêches, se presser, silencieuse, douloureusement sympathique, autour de ce cercueil.

J'ai accepté, Messieurs, l'honneur de monter aujourd'hui dans cette chaire et d'y venir, en quelques mots improvisés sans étude et sans art, acquitter, en votre nom et en mon nom personnel, le tribut de notre vive et profonde douleur.

La famille de Lupel, vous le savez, n'est pas d'origine moderne ; elle se rattache aux plus anciens et aux plus beaux souvenirs de notre histoire : le comte Edouard de Lupel, issu d'une noblesse de province, d'une de ces vieilles et nobles races de la Picardie, remonterait au XIe siècle par Pierre de Louvel, écuyer et seigneur de Clisy. Déjà, lors de la brillante expédition de Guillaume, duc de Normandie, pour la conquête de l'Angleterre, un membre de cette famille, au milieu de l'enthousiasme général, se joignait bravement aux compagnons d'armes de l'illustre guerrier qui venait de recevoir de Rome, avec la bannière consacrée, la bulle qui autorisait cette aggression si vivement désirée contre l'Angleterre, et, après une lutte héroïque, tombait vaillamment entre les mains de l'ennemi, dont il restait prisonnier.

Plus tard, à ces grandes époques de foi vive où le désir d'arracher le Saint-Sépulcre des mains des infidèles agitait tous les cœurs, un écuyer de cette noble famille, poussé aussi par le feu sacré de la foi, se précipitait, nouveau soldat du Christ, vers la Palestine, en compagnie des de Mouchy , des de Beaufort , des de Béthune (1), avec toutes ces nobles phalanges de croisés sans cesse renaissantes (2), faisant tous bon marché de leur vie ; les rois descendant de leur trône , les hauts barons abandonnant leur castel , leur vieux manoir , le pâtre sa chaumière ; et , au cri retentissant et mille fois répété sur toutes les routes , par les longs échos des montagnes et des vallées : *Dieu le veut ! Dieu le veut !* conquérant à leur tour la terre qui a tressailli sous les pas du Sauveur , la sainte Sion, la cité sainte des prophètes , des David , des Salomon.

Enfin , lors de l'affranchissement des communes , sous Louis le Gros et ses successeurs, nous retrouvons parmi les ancêtres de cette ancienne et honorable famille des chevaliers de Malte , de Saint-Jean de Jérusalem , de ces anciens échevins, maïeurs ou maires, nommés par le peuple , accomplissant loyalement leur mandat, servant avec autant d'indépendance de caractère que de dévouement les grands intérêts du trône, de la religion, de toutes les vraies libertés et franchises municipales , justifiant ainsi leur noblesse par leurs vertus civiques, comme ils l'avaient méritée et jus-

(1) Illustre et ancienne famille à laquelle est alliée la famille de de Lupel.

(2) On compte huit croisades de 1096 à 1270.

tifiée par leur courage au champ d'honneur.

Le comte Edouard de Lupel a été fidèle à ces grandes et nobles traditions de sa famille. Il arrivait à Autrêches, jeune, plein de vie, plein d'avenir, cœur droit, caractère doux, loyal, esprit distingué, doué d'une mémoire des plus fidèles, de laquelle il savait tirer, comme d'un riche répertoire, au milieu d'une charmante conversation, les plus beaux passages des chefs-d'œuvre de nos grands poëtes chrétiens du XVIIe siècle, principalement de notre immortel Racine, et, parmi ses chefs-d'œuvre, celui d'*Athalie* et du poëme de *la Religion*, aimant souvent à rappeler les premiers vers de ce magnifique poëme :

> Celui que la grandeur remplit de son ivresse,
> Relit avec plaisir ses titres de noblesse ;
> Ainsi le vrai chrétien recueille avec ardeur
> Les preuves de sa foi, titres de sa grandeur.

Bientôt le noble comte épousait Melle du Tremblay, digne fille de cet excellent baron du Tremblay, qui dut à son cœur droit et généreux, à son intelligence d'élite, à ses rares connaissances pratiques, et surtout à l'excessive délicatesse de ses sentiments, la haute et difficile position qu'il occupait comme directeur-général de la Caisse d'amortissement. Nommé maire de la commune d'Autrêches, il accepta et exerça, pendant de longues années, ces nobles et toujours si délicates fonctions qu'il cédait ensuite à un fils de si regrettable et si regrettée mémoire. Son administration fut toujours paternelle, bienveillante, faisant constamment sentir, autour de lui, surtout dans les jours calamiteux, son action bienfaisante envers les déshérités de la fortune. Cœur charitable, généreux, il donnait largement de son abondance, ne concevant pas qu'on pût être riche et agir autrement. Sa maison, sa bourse, son cœur étaient toujours ouverts aux pauvres, aux malades. Que ne pouvons-nous faire connaître ici toutes ces œuvres de bienfaisance que « *la main droite semait et que la main gauche ignorait?* » C'est le bon trésor qu'il a porté devant Dieu et que la mort, la rouille, les vers, ni les voleurs ne pourront lui enlever.

Mais, il y avait une vertu qui distinguait éminemment le comte de Lupel, cette vertu qui sied si bien à l'élévation de l'âme, la modestie, aujourd'hui bien rare et bien peu pratiquée dans le monde. Comme nous le disions tout à l'heure, arrivé, jeune encore, dans ce pays, son cœur s'y attacha fortement, subissant, ce semble, la douce influence de la belle et splendide nature dont on jouit à la campagne. Cette douce harmonie des champs, ce doux et majestueux tableau, toujours si attrayant que la campagne, avec tous ses larges et magnifiques horizons, déroule continuellement au regard attendri ; ces grands arbres séculaires, ces fleurs diaprées, ces ar-

bustes aux mille formes, tous ces grands phé-
nomènes de vie , de durée , qui rayonnent de
toutes parts , vivante image de l'éternel et de
l'incréé ; ces frais et riants côteaux, ces riches
vallons , ces zônes de verdure où l'on respire
l'air pur , la santé , la vie, toutes ces vues
ravissantes ne contribuèrent pas peu à le fixer
au milieu de vous. Ses plus douces jouissances
étaient là, au milieu de cette population agri-
cole , probe, laborieuse, au milieu de ces ou-
vriers des champs , aux natures saines et
robustes, âpres au travail, comprenant admi-
rablement avec leur bon sens naturel tout le
bonheur de la vie champêtre , acceptant
joyeusement, chaque jour, de la main de Dieu
qui les bénit, ces durs , mais si féconds et
utiles travaux. On ne le vit pas , comme tant
d'ambitieux dont l'ambition n'est justifiée ni
par le talent, ni par le mérite personnel, aller
s'agiter sottement pour enchaîner la foule à
son char et servir les intérêts de son égoïsme,
en paraissant servir la cause et l'intérêt pu-
blic. Préférant la vie privée , la vie de famille
à toute cette vie bruyante et si souvent tour-
mentée de nos grandes villes, il trouvait ici,
dans cette résidence habituelle, l'hiver comme
l'été, ses plus suaves jouissances. Il aimait
cordialement ce pays , cette campagne, toujours si pleine de charmes , ces beaux sites
accidentés ; il aimait son église d'Autrêches ,
il en aimait les offices, le chant, la prière pu-

blique , les pompes sacrées, la majesté de ses augustes cérémonies ; toujours fidèle aux exemples et à toutes les pieuses traditions de sa famille, il s'y rendait régulièrement chaque dimanche et aux jours de nos fêtes religieuses. Ah ! c'est qu'il savait que la présence régulière de l'homme chrétien dans une église, surtout lorsque cet homme appartient aux plus hautes régions de la société , est toujours un grand enseignement pour la famille , pour les serviteurs , pour toute la paroisse. Il savait que celui qui donne cet exemple est aussi un apôtre ; il n'a jamais manqué à ce devoir. Il aimait à venir unir humblement sa prière à celle des pieux fidèles de la paroisse ; sa foi lui disait que c'est bien ici la maison de Dieu, la maison de la prière. Arrivé aux dernières limites de la vie , au milieu des lassitudes et des défaillances de son âme souffrante, quelle force et quelles lumières il a dû puiser dans cette prière , allumé au feu sacré de l'amour divin qu'il récitait d'un ton pénétré, et, le plus souvent à haute et intelligible voix. C'était un appel à la prière et comme une protestation solennelle de sa foi. L'amour de Dieu était donc bien vivant dans ce cœur, qui aujourd'hui a cessé de battre. Aussi , avec quel sérieux retour sur lui-même , avec quelle confiance et quelle joie douce et pénétrante, il recevait, d'une main pieuse et amie , le sacrement par excellence de l'amour du Dieu-

(11)

Sauveur, *notre résurrection et notre vie* (1). Il n'avait pas attendu la dernière heure pour accomplir, une dernière fois, cette grande et si sainte action. Par intervalle, la maladie semblait s'arrêter et tout danger semblait conjurer ; alors les cœurs s'ouvraient à l'espérance, la joie renaissait dans les esprits, se traduisait sur tous les visages ; les inquiétudes des nombreux amis du malade se calmaient. Mais, malgré les lumières et l'expérience de la science, malgré les tendresses et les soins les plus intelligents, la maladie marchait toujours, la lampe mystérieuse de la vie baissait, les cœurs étaient toujours douloureusement agités, et, après de longues et continuelles alternatives d'espérance et de crainte, l'heure fatale sonnait. Tout à coup, le comte Edouard de Lupel s'éteignait doucement dans les bras d'un fidèle serviteur ; les souffrances supportées avec l'inaltérable patience du chrétien étaient terminées ; le sacrifice était fait ; la vie terrestre venait de s'arrêter ; la dernière étincelle en était éteinte pour ne plus se rallumer ; la voix paternelle, cette grande voix qu'on ne remplace pas, ne devait plus se faire entendre ; et l'âme, cette vivante et indestructible image de Dieu, qui reste et survit à toutes les ruines, plus rapide que l'éclair, avait franchi les limites du temps et de l'espace, paru devant

(1) Ego sum resurrectio et vita. (*Joan. II.*)

le Juge suprême des grands et des petits , des rois , des princes , des potentats , de tous les juges de la terre , et , sur le seuil même de la tombe, retrouvait la vie et l'immortalité. Mais tous les cœurs restaient brisés sous le poids de la douleur ; les larmes tombaient de tous les yeux. Les pauvres d'Autrêches avaient perdu leur bienfaiteur , des enfants chéris le meilleur des pères, une épouse fidèle, frappée dans ses plus chères affections , restait pour pleurer celui qui était avec elle , depuis tant et de si belles années , la lumière directrice , l'appui tutélaire, le bonheur du foyer domestique ; et nous tous, Messieurs et bien vénérés frères , accourus les uns de bien loin , les autres de plus près , nous perdions , dans cet aimable vieillard, le bienveillant ami qui nous ouvrait sa maison et en faisait les honneurs avec autant de grâce et de courtoisie que de générosité. Il a mérité de vivre et il vivra dans vos meilleurs souvenirs comme dans vos meilleures et vos plus ferventes prières , et le lien fraternel qui nous unissait ne sera pas rompu.

Noble famille qui avez versé vos larmes les plus amères , ne pleurez pas comme ceux qui n'ont plus d'espoir après la mort : « *Nolite contristari sicut et cœteri qui spem non habent (1).* » Conservez toujours bien dans votre

______

(1) *I Thes.* 4-12.

cœur la douce et solide espérance de retrou-
ver un jour celui que vous pleurez , là , dans
cette terre des vivants où les générations ne
sont plus moissonnées par le temps , où la
mort est détruite et ne sépare plus , où la
vertu seule brillera éternellement de son
plus vif éclat : « *Novissima autem inimica
destruetur mors (1).* »

Et , maintenant , Messieurs et bien vénérés
frères , jusqu'au jour arrêté où s'accomplira
chacune de ces immuables et impérissables
paroles de l'éternelle vérité : « *Tous ceux qui
sont couchés dans leur cercueil entendront la
voix du Fils de Dieu. — Omnes qui in monu-
mentis sunt, audient vocem Filii Dei.* »
Jusqu'au jour de ce réveil général où tous les
morts , renaissant de leurs cendres , sortiront
de la poussière des tombeaux , « *les uns pour
l'éternel gloire, les autres pour leur éternel
opprobre,* » notre vénéré frère , escorté de nos
plus douloureuses sympathies , va prendre sa
place à côté de cette dépouille chérie que
nous couvrions de nos larmes , il y a quelques
mois , dans cette petite église souterraine
bénite et sanctifiée par la religion , sarcophage
sacré , véritable monument religieux pieusement imité de nos anciennes cryptes où se
tenaient les synaxes de la primitive église , où
les premiers chrétiens , se dérobant aux re-

____

(1) *I Cor.* xv , 26.

gards des persécuteurs, célébraient les saints mystères, les tombeaux servant d'autel et le culte des morts se liant ainsi par un rapport intime avec le culte suprême d'adoration qui n'est dû qu'à Dieu seul. C'est donc là, dans cette chapelle souterraine, que le père et le fils vont reposer doucement, à côté l'un de l'autre, abrités sous le signe rédempteur, sous cette croix devant laquelle l'âme, pieusement agenouillée, prie, croit, espère partout, sous le regard même de Dieu qui n'oublie pas, lui, ceux qui dorment dans le sépulcre, oubliés des hommes ; car il en est lui-même le gardien, et ce que Dieu garde est bien gardé : « *Custodit Dominus omnia ossa corum, unum ex his non conteretur.* »

Et c'est ainsi, Messieurs, que la mort vient, avec toutes ses amertumes, mais, aussi, avec toutes les divines consolations de la religion, nous séparer successivement les uns d'avec les autres, sans qu'il soit possible d'arrêter sa marche et de retarder l'heure suprême, lorsqu'une fois elle doit sonner. Les uns arrivent, les autres s'en vont, comme pour leur faire place, et nous allons ainsi au tombeau, occupant une petite place ignorée, inconnue, sans distinction d'âge, de rang, de fortune, rois, empereurs, vainqueurs et vaincus, confondus pêle-mêle avec leurs plus humbles sujets, comme ces grands fleuves, entraînés à grand bruit, après avoir promené majestueusement leurs ondes vagabondes à travers les contrées les plus riches et les cités les plus opulentes , viennent tomber dans l'Océan , où ils restent confondus avec les plus humbles rivières.

Mon Dieu ! Messieurs et bien vénérés frères, que notre existence ici-bas est peu de chose ! Comme tout y est fragile et périssable ! Comme nous ne laissons bientôt plus aucune trace de notre passage sur ce sol qui nous a portés un instant ! On pourrait, ce me semble, comparer la plus longue et la plus brillante existence à ces phases fugitives d'un radieux arc-en-ciel sur une nuée rayonnante de lumière. Les commencements en sont vagues , indécis, sans forme précise , rien n'est bien accentué , c'est l'enfance ; le milieu élevé, radieux, resplendissant, c'est la jeunesse avec tous ses beaux rayonnements ; puis , tout à coup, les couleurs vives s'affaiblissent avec le demi-cercle qui s'abaisse , les nuances lumineuses s'effacent, les teintes sombres prennent leur place , et le tout se perd pour toujours dans l'obscurité, c'est la dernière phase de notre existence : c'est toute notre existence. L'édifice de notre corps tombe et c'est fini. « *Sic transit gloria mundi.* »

Vous le voyez , reprend saint Paul : « *Nous n'avons point de demeure permanente ici-bas. — Non habemus hic manentem civitatem.* » Il nous faut donc en chercher une plus solide dans l'avenir, celle qui n'est pas faite de main

(16)

d'homme, l'éternelle que Dieu lui-même nous
a préparée : « *Sed futuram inquirimus....
domum non manufactam, æternam in cœlis.* »

Et puisque c'est une pensée si bonne, si
sainte, si utile, si nécessaire de prier pour les
morts, « *Sancta ergo et salubris est cogitatio
pro defunctis exorare* (1), » que notre prière
la plus fervente, emportée de notre cœur sur
les ailes d'une foi ardente, s'élève vers le Ciel
et monte, portée sur la flamme de l'amour
divin, jusqu'au trône du Dieu des miséricor-
des, pour le salut et l'éternel repos de cette
âme qui nous était si chère.

O Jésus, miséricordieux Jésus, nom tout-
puissant, si doux, si suave sur nos lèvres,
divin Rédempteur de l'homme, souvenez-
vous que, pour rédimer cette âme, vous êtes
descendu si bas, traversant un fleuve de dou-
leurs, permettant à des bourreaux de ceindre
votre front d'une affreuse couronne d'épines,
montant ensuite sur une croix ignominieuse
pour y répandre jusqu'à la dernière goutte de
votre sang. « *Recordare, Jesu pie, quod sum
causa tuæ viæ.* » Faites que, par votre im-
mense miséricorde, la mort, qui a frappé,
comme d'un même coup, deux âmes qui
étaient si chères l'une à l'autre (2), ne les ait

(1) Machab., 11, 12, 24.

(2) Melle de Lupel, sœur de M. le comte Edouard
de Lupel, connue de tout Amiens comme un ange
de piété, et comme la Providence des pauvres, mou-
rait dans cette ville, presque en même temps que
son frère, à Autrêches.

frappées que pour être réunies , en même temps , au sein des éternelles demeures ; et que leur corps, « *semé corruptible*, ressuscite *comme le grain de blé* jeté dans le sillon, *plein de force et de gloire, incorruptible, spirituel.* » — « *Seminatur in corruptione , surget in incorruptione, surget in gloria , surget in virtute , surget corpus spiritale.* » Et alors, ô mort, où sera ta gloire ! où sera ton triomphe ? tu auras été engloutie dans ton triomphe. « *Tunc fiet sermo qui scriptus est : ubi est, mors, victoria tua? ubi est, mors, stimulus tuus?... Absorpta est, mors, in victoria tua.* »

<hr>

SOISSONS. — DE L'IMPRIMERIE DE EM. FOSSÉ DARCOSSE , Directeur de l'*Argus Soissonnais*, rue Saint-Antoine, 15.